Fabian Padilla Crisol

Wirtschaftliche Entwicklung in Spanien von 1940 bis 1959

GRIN Verlag

Wirtschaftliche Entwicklung in Spanien von 1940 bis 1959

Seminararbeit

vorgelegt am

Lehrstuhl für Politische Wissenschaft III

Universität Mannheim

im

Juli 2003

von

Fabian Padilla Crisol
aus Weinheim

Inhaltsverzeichnis

Tabellenverzeichnis

Abbildungsverzeichnis

1 Einleitung

Wirtschaftlich zerstört und politisch-gesellschaftlich gespalten, blickte Spanien 1939 auf ein Trümmerfeld und 344.000 Gefallene. Etwa die gleiche Zahl von Menschen hatte das Land verlassen.[1] Trotz der Neutralität im Zweiten Weltkrieg war Spanien wegen seiner ideologischen Nähe zu den Achsenmächten außenpolitisch isoliert. Aufgrund seiner autoritären – diktatorischen Struktur wurde es nach 1945 vom Marshallplan ausgeschlossen.[2] Der Wiederaufbau fiel um so schwerer aus, weil beide Kriegsparteien die Goldreserven für die Finanzierung des Krieges verwendet hatten.[3] Bis zum Ende der fünfziger Jahre hatte Spanien das Ziel einer mehr oder weniger freiwillig gewählten Autarkie verfochten.[4]

Für die Bevölkerung war die Zeit nach dem Bürgerkrieg eine Zeit des Hungers und der politischen Morde. Es wird geschätzt, daß ca. 400.000 Menschen an deren Folgen starben. Ein weiterer Grossteil befand sich im Gefängnis, einige sogar bis Ende der vierziger Jahre. Eine Erhöhung der Sterblichkeitsrate und ein starker Geburtenrückgang war die Folge.[5] Einzig Peróns Argentinien stellte den Spaniern 1944 den so dringend benötigten Weizen zur Verfügung.[6] Lebensmittel- und Rationalisierungskarten, die 1939 eingeführt wurden, gab es bis zum Jahre 1951. Zwar gründete man 1941 den Instituto Nacional de Industria, doch sehr schnell wurde deutlich, daß dieser von Militärs und Bürokraten ersonnene Industrialisierungsplan, der von nationalistischen Gefühlen getragen wurde, ohne ausländisches Kapital nicht von Erfolg gekrönt sein würde. Das Autarkiekonzept stieß damit schnell an seine Grenzen.[7]

Insgesamt war die wirtschaftliche Lage in den vierziger Jahren desolat. Albert Carreras spricht von den „schlechten Jahren" der spanischen Ökonomie.[8] Erst im Laufe der fünfziger Jahre erreichte das Land bei wirtschaftlichen Indikatoren, wie dem Bruttoinlandsprodukt, der Industrieproduktion sowie den Reallöhnen, jenes Niveau, das Spanien

---

[1] Vgl. Bernecker, W. / Pietschmann, H. (1993), S. 332.
[2] Vgl. a.a.O., S. 345.
[3] Vgl. a.a.O., S. 332.
[4] Vgl. Bernecker, W. / Pietschmann, H. (1993), S. 345.
[5] Vgl. a.a.O., S. 332.
[6] Vgl. a.a.O., S. 334.
[7] Vgl. a.a.O., S. 346.
[8] Vgl. Albert, C. (1988), S. 289.

vor dem Bürgerkrieg hatte.[9] Ab 1950, dem Jahr, in dem die Vereinten Nationen die diplomatische Isolierung des Landes aufhoben, begann die außenpolitische Öffnung. Vor allem der Ausbruch des Kalten Krieges führte in Washington zu einer Neuorientierung. London und Paris dagegen, in Erinnerung an den Bürgerkrieg und aus innenpolitischer Rücksicht, verschlossen sich zunächst einer Öffnung gegenüber Spanien. Nach dem Wunsch der USA sollte Spanien auf seinem Territorium Militärbasen zur Verfügung stellen. 1953 folgte ein Abkommen über militärische Zusammenarbeit mit den USA, das die dringend benötigten Devisen brachte.[10] Ein weiterer wichtiger Schritt zur außenpolitischen Anerkennung des frankistischen Regimes erfolgte mit der Aufnahme in die UNO im Dezember 1955.[11]

Ziel dieser Arbeit ist, die wirtschaftliche Entwicklung Spaniens vom Ende des Bürgerkriegs an, bis zum Stabilisierungsplan 1959, mit dem die spanische Regierung, zum ersten Mal mit kohärenten Maßnahmen in den Wirtschaftsablauf eingreift, zu beleuchten. Geklärt werden, sollen die Gründe für den Rückschritt der spanischen Wirtschaft der vierziger und fünfziger Jahre, sowie für den Rückgang des Bruttosozialprodukts pro Kopf. Außerdem soll geklärt werden, warum Spanien so lange brauchte um das Vorkriegsniveau zu erreichen. An erster Stelle wird die Wirtschaftspolitik des Francoregimes dargestellt. Anschließend werden der Agrar- und Industriesektor durchleuchtet, um schließlich den Stabilisierungsplan näher zu betrachten und mit einer Schlußbetrachtung abzuschließen.

2 Die Wirtschaftspolitik des neuen Staates

Die Entwicklung der spanischen Wirtschaft nach Kriegsende war von einem extremen Protektionismus geprägt. Das Regime versuchte den ausländischen Einfluß einzudämmen, um eine nationale Industriepolitik zu schaffen und sich somit aus dem Zweiten Weltkrieg herauszuhalten, der das Regime hätte gefährden können.[12] Angetrieben durch die Ideen der Staatsintervention von John Marquart Keynes intervenierten viele Staaten seit den dreißiger Jahren in die Wirtschaft ihres Landes. Spanien sollte auch keine Aus-

---

[9] Vgl. García Delgado, J. L. (1988), S. 166.
[10] Vgl. Bernecker, W. / Pietschmann, H. (1993), S. 348f..
[11] Vgl. de Madariaga, S. (1979), S. 415.
[12] Vgl. Garcia Delgado, J. L. / Jiménez, J. C. (1999), S. 116.

nahme bilden. Der Staat besaß das Tabak-, Telekommunikations- und Erdölmonopol. Ab 1939 folgte Spanien zwar der Interventionstradition, die es vor dem Bürgerkrieg angenommen hatte, jedoch verschärfte es die Eingriffe in die Wirtschaft radikal. Motiviert waren diese, einerseits durch die präsente Notwendigkeit das Land wieder aufzubauen, andererseits durch das faschistische Gedankengut, welches die wirtschaftliche Unabhängigkeit proklamierte.[13] Der Staat nahm die Aufgabe einer regulierenden Institution, die aktiv in den nationalen Markt eingriff, ein. Zum Beispiel wurde der Arbeitsmarkt durch eine vertikale Gewerkschaftsstruktur kontrolliert. Sowohl Arbeitnehmer als auch Arbeitgeber wurden in diese Struktur eingegliedert. Gleichzeitig wurden jedoch die Versammlungsfreiheit und das Streikrecht verboten.[14] Nach dem faschistischen Verständnis sollte der Staat eine aktive Rolle bei der Industrialisierung Spaniens zugeschrieben bekommen. Angetrieben durch das Argument der „Knappheit" bestimmte der 1937 gegründete „Servicio Nacional del Trigo" die Größe der landwirtschaftlichen Anbauflächen, setzte die Agrarpreise fest und kaufte schließlich die gesamte Ernte ein.[15] Die 1938 gegründete „Comisaria General de Abastecimiento" (CGAT), hatte die Aufgabe Konsumgüter und Inputfaktoren zu rationieren. Bis 1951 wurden bestimmte Rohstoffe für Unternehmen eingeschränkt, Preise für Fertigwaren festgesetzt und Konsumgüter, wie zum Beispiel Nahrungsmittel, Medikamente und Zigaretten, rationiert.[16]

Mit der Verfolgung des Ziels der Autarkie wollte Franco, wie Hitler und Mussolini in ihren Herrschaftsgebieten, die Unabhängigkeit Spaniens gegenüber Importen anderer Länder erreichen. Entscheidend waren militärische Überlegungen: Man wollte im Kriegsfall nicht von den Importen der Feinde abhängig sein. Somit erklären sich die guten wirtschaftlichen Beziehungen zwischen 1936 und 1945 mit den befreundeten faschistischen Ländern, Deutschland und Italien, und die anschließende internationale Isolation (1945-1951).[17] Der Ausgleich der Handelsbilanz, sowie die Mobilisierung der nationalen Ressourcen, waren die kurzfristigen Ziele des Regimes. Die Importe sollten beschränkt werden, ohne deren negative Auswirkungen auf die Exporte zu betrachten. Der Außenhandel sollte als treibende Kraft des wirtschaftlichen Wachstums ausge-

[13] Vgl. Tortella, G. (1994), S. 269.
[14] Vgl. Beck, R. (1979), S.256f..
[15] Vgl. Tortella, G. (1994), S. 235.
[16] Vgl. Garcia Delgado, J. L. / Jiménez, J. C. (1999), S. 132.
[17] Vgl. Bernecker, W. / Pietschmann, H. (1993), S. 346.

schlossen werden.[18] Die Mittel, die zur Erreichung der Autarkie genutzt wurden, waren Importbeschränkungen, die Einführung spezieller Konten für Unternehmen, die im Exportgeschäft tätig waren, und bilaterale Abkommen, wie sie zum Beispiel mit der argentinischen Regierung 1946 und 1948 abgeschlossen wurden.[19] Mit der Überbewertung der Peseta, was eigentlich eine Importsubvention nach sich zieht, wollte man die Exporte beschränken. Man wollte die spanischen Unternehmen zwingen, für den spanischen Markt zu produzieren und Importe durch eigene Produktion zu substituieren.[20] Die Folge war eine hohe Inflationsrate und das unkontrollierte Wachstum des Schwarzmarktes.

Die Wirtschaftspolitik der fünfziger Jahre versprach mehr Kontinuität als Veränderung. Eingebettet in einer Wirtschaftskrise, die sich durch Inflation und Ausbreitung von Schwarzmärkten kennzeichnete, mußte der Staat seine Position gegenüber dem Markt überdenken. Der Staat mußte zwischen internationalem Handel und der Idee der Autarkie abwägen, genauso wie zwischen Marktwirtschaft und Planwirtschaft als Wirtschaftsordnung.[21] Die wichtigsten Veränderungen waren das Aufheben der Rationierung der Rohstoffbeschränkungen. Außenwirtschaftlich bekam Spanien, für den Bau von Militärbasen, finanzielle Hilfen von den USA (1.000 Mio. $).[22] 1955 wurde Spanien in die UNO aufgenommen und gliederte sich in den internationalen institutionellen Rahmen ein. Die Interventionen auf dem Agrarmarkt wurden jedoch nicht aufgehoben, genauso wenig die Importbeschränkungen.

3 Zwei verlorene Jahrzehnte in der Agrarwirtschaft

In der Landwirtschaft wurde die Agrarreform rückgängig gemacht und die Großgrundbesitzer erhielten ihre alten Privilegien zurück. Als Folge brach die Produktion zusammen und ein ausgeweiteter Schwarzmarkt trieb die Preise in die Höhe. Die Industriegesetze von 1939 ermöglichten dem Staat eine Wirtschaftssteuerung durch direkte Eingriffe, hauptsächlich über die Banken und das INT (Nationales Industrieinstitut). Da die Produktionsanlagen erneuerungsbedürftig waren, schoß der Staat Kredite zu, zum Teil mittels erhöhter Geldproduktion. Da die Produktion nicht im gleichen Umfang mithal-

---

[18] Vgl. Bernecker, W. (1990), S. 299.
[19] Vgl. Schmidt, P. (2002), S. 447.
[20] Vgl. Harrisson, J. (1978), S. 153.
[21] Vgl. Garcia Delgado, J. L. / Jiménez, J. C. (1999), S. 133.
[22] Vgl. Harrisson, J. (1978), S. 154.

ten konnte, kam es zur Inflation. Die Situation der Lohnabhängigen verschlechterte sich, da die Löhne staatlich festgesetzt und die Inflation geleugnet wurde. Der Rückgang der Hektarerträge und der Erträge pro Kopf (Vgl. Tabelle 1, Tabelle 2), rechtfertigte die faschistische Regierung in den vierziger Jahren durch die entstandenen Schäden des Bürgerkriegs. Jedoch waren die Zerstörungen nicht groß genug um dies zu begründen, denn der Agrarsektor hatte nicht in dem Ausmaß, wie die Regierung vorgab, gelitten. Ein weiterer Punkt, den die Regierung zur Erklärung der schlechten Agrarproduktion anführte, war die lang anhaltende Dürre. Dies trifft zwar für einige Jahre wie 1941 und 1946 zu, jedoch können die niedrigen Produktionen der anderen Jahre nicht damit begründet werden. Die geringe Mechanisierung und der mangelhafte Einsatz von chemischen Düngemitteln im Agrarsektor stellten einen weiteren Vorwand dar, der die schlechte Lage der spanischen Landwirtschaft begründen sollte. Dies entsprach zwar der Realität, aber es war ein hausgemachtes Problem, da durch die Importbeschränkungen keine Maschinen und chemische Düngemittel aus dem Ausland in das Land eingeführt werden durften.[23]

	1931-35	1941-45	1946-50	1951-55	1956-60
Weizen [t/ha]	0,96	0,85	0,84	0,95	1,01
Mais [t/ha]	1,63	1,36	1,28	1,70	2,03
Weinmost [hl/ha]	13,74	13,72	11,53	12,28	12,39
Olivenöl[qm/ha]	1,83	1,52	1,64	1,75	1,81
Kartoffeln [t/ha]	11,51	7,48	7,66	11,38	11,43

Tabelle 1: *Erträge pro Hektar.*[24]

	1931-35	1941-45	1946-50	1951-55	1956-60
Weizen [t/ha]	186,13	135,62	144,97	171,93	185,89
Mais [t/ha]	30,26	22,29	20,19	28,39	37,30
Weinmost [hl/ha]	84,27	80,42	69,33	78,29	82,64
Olivenöl[qm/ha]	14,45	11,37	11,99	12,73	12,90
Kartoffeln [t/ha]	202,29	117,67	100,41	140,66	146,03

Tabelle 2: *Erträge pro Kopf.*[25]

---

[23] Vgl. Tortella, G. (1994), S. 236.
[24] Datenquelle: Carreras, A. / Barciela, C., Estadísticas históricas de España : siglos XIX – XX, Fundación Banco Exterior, Madrid 1989, S. 131-169.
[25] Datenquelle: a.a.o., S. 131-169.

	1931-35	1941-45	1946-50	1951-55	1956-60
Weizen [t/ha]	4557	3726,4	4034,8	4256	4330
Mais [t/ha]	435,6	383,4	368,6	392	428,4
Weinmost [hl/ha]	1438,6	1375,2	1413,4	1493,4	1564,2
Olivenöl[qm/ha]	1903,2	1971,8	2002,8	2080,4	2130,2
Kartoffeln [t/ha]	424	416,4	360	352,6	380,8

Tabelle 3: *Entwicklung der landwirtschaftlich genutzten Fläche.*[26]

Die Gründe für den Produktionsrückgang sind jedoch woanders zu suchen. Die Festpreise für Getreide führten dazu, daß der Anbau für die Bauern nicht mehr rentabel war, und somit diese ihre für den Getreideanbau bestimmten Flächen, reduzierten. Ein weiterer Grund für den Rückgang der Agrarproduktion waren die Exportbeschränkungen, da sich die Nachfrage, insbesondere nach Getreide, verringert hatte.[27] Hinzu kam eine Strukturveränderung, die zu einer Verschiebung der Beschäftigten vom sekundären in den primären Sektor führte. Der Anteil, der in der Landwirtschaft Beschäftigten, stieg von 1935 bis 1945 von 44,6 % auf 50,3 %.[28] Dies führte zu einem Abfall der Produktivität im Agrarsektor. Doch der Hauptgrund für den Rückgang der offiziellen Produktion in der Landwirtschaft war die falsche Deklarierung von Produktionsflächen und Agrarproduktionen. Angetrieben durch die niedrigen Festpreise flüchteten die Landwirte in den Schwarzmarkt. Der „estrasperlo" stellte für die Bauern die wichtigste Einkommensquelle dar. Es wird geschätzt, daß die Größe des nationalen Getreide- und Olivenölmarktes dem des Schwarzmarktes entsprach.[29]

In den fünfziger Jahren ereigneten sich einige Veränderungen in der Landwirtschaft. Die Festpreise für viele landwirtschaftliche Erzeugnisse wurden angehoben. Damit sollte dem Schwarzmarkt entgegengewirkt werden, und den Bauern Anreiz geben für den nationalen Markt zu produzieren.[30] Das festhalten der Regierung an den traditionellen Produkten wie Olivenöl und Getreide, und die damit verbunden Protegierung, bestand weiter. Erst gegen Ende der fünfziger Jahre kam es zu einer Erholung der Agrarproduktion. Die meisten Produkte konnten jedoch den Produktionsstand von 1930 nicht errei-

---

[26] Datenquelle: Carreras, A. / Barciela, C., Estadísticas históricas de España : siglos XIX – XX, Fundación Banco Exterior, Madrid 1989, S. 131-169.
[27] Vgl. Tortella, G. (1994), S. 236 f..
[28] Vgl. Bernecker, W. (1990), S. 308.
[29] Vgl. Garcia Delgado, J. L. / Jiménez, J. C. (1999), S. 129.
[30] Vgl. Tortella, G. (1994), S. 237.

chen.[31] Zwischen 1953 und 1956 lag der durchschnittliche Kalorienverbrauch pro Person unter dem Existenzminimum. Die Agrarexporte fingen wieder an zu steigen, und mit ihnen die so dringend benötigten Devisen. Doch der Stand von 1930 wurde auch hier nicht erreicht. Einer Steigerung der Exporte wirkten immer noch der Bilateralismus und die Überbewertung der Pesete, entgegen. Die Bilanz der fünfziger Jahre ist eher ernüchternd. Angestoßen durch die größer werdende Immigration stiegen auch die Gehälter (Faktorausgleich). Der Anteil der in der Landwirtschaft Beschäftigten ging zurück, da der Faktor Arbeit teurer geworden war. Doch immer noch war der Faktor Arbeit im Überfluß und günstig vorhanden. Auch die Nutzung von Maschinen und chemischen Düngemittel stieg sprunghaft an.[32]

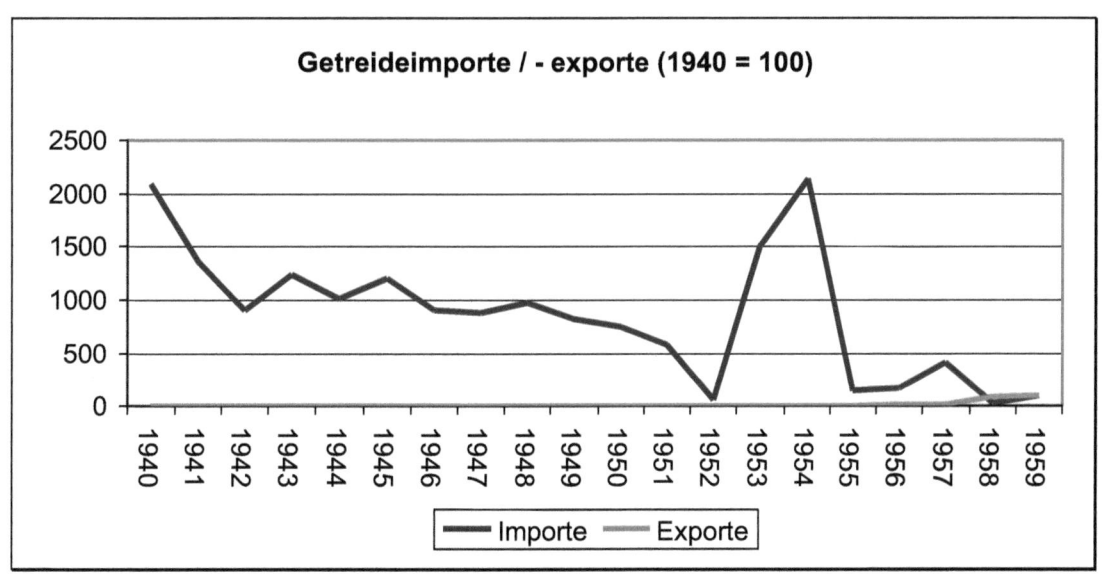

Abbildung 1: *Entwicklung der Getreideimporte und –exporte von 1940 bis 1960.*[33]

[31] Vgl. Simpson, J. (1995), S. 244.
[32] Vgl. a.a.O., S. 245 ff..
[33] Datenquelle: Carreras, A. / Barciela, C., Estadísticas históricas de España : siglos XIX – XX, Fundación Banco Exterior, Madrid 1989, S. 131-169.

4 Die Industrie: Zwischen Rückständigkeit und Modernität

Nach Beendigung des Bürgerkrieges sah sich Spanien ohne Ressourcen, ohne Arbeits-kräfte und ohne Kapital.[34] Es war ein schweres Unterfangen, einen Neustart in der In-dustrie zu schaffen. Tabelle 5 stellt die Entwicklung der Industrieproduktion von 1940 bis 1960 dar. Es kam zu einem Einbruch in der Industrieproduktion. Erst 1950 entsprach das spanische Produktionsvolumen dem von 1929. Auch im europäischen Vergleich rangierte Spanien im Industriewachstum in den fünfziger Jahren als Schlußlicht (Tabelle 4).

Spanien	Groß Britannien	Frankreich	Deutschland	Italien
0,58	3,23	1,7	1,7	2,5

Tabelle 4: *Zuwachsrate der Industrieproduktionsindizes in Prozent (1935 – 1950).* [35]

	Carreras	CEN	INE
1940	83,9	96,3	103
1941	78,5	94,5	101
1942	83,7	98,7	112
1943	86,6	102,8	120
1944	91,4	100	122
1945	86,9	95,3	114
1946	96,7	110,6	134
1947	95,1	110	137
1948	99,6	110,6	140
1949	97,7	111,7	133
1950	106,8	121,1	152
1951	111,7	126,2	161
1952	134,4	145,5	196
1953	134,6	151,1	207
1954	144,7	167,3	214
1955	155,9	183,1	240
1956	170,8	196,1	265
1957	186,8	213,6	279
1958	204,3	236,2	305
1959	207,1	255,3	314
1960	203,6	269,6	321

Tabelle 5: *Industrieproduktionsindizes. (1929 = 100).* [36]

---

[34] Vgl. Tortella, G. (1994), S. 268.
[35] Vgl. Carreras, A. (1989), S. 174.
[36] Vgl. Carreras, A. (1989), S. 193.

Zur Erklärung dieses Sachverhalts werden viele Faktoren herangezogen. Das Fehlen von Inputfaktoren durch die Importbeschränkung wird als eines der Gründe für das schwache Industriewachstum betrachtet. Spanien wurde durch die wirtschaftlichen Bindungen, die es zu den Achsenmächten unterhielt, nach dem Zweiten Weltkrieg von den Alliierten geächtet. Rohölimporte wurden völlig eingestellt. [37] Als der Boykott aufgehoben wurde, war Spanien, aufgrund des Fehlens von Devisen, nicht in der Lage Ressourcen zu importieren. Doch auch der Beschaffung von Devisen waren Grenzen gesetzt, denn durch die betriebene Wirtschaftspolitik Spaniens war es nur schwer möglich zu exportieren.[38] Ein weiteres Problem stellte die Energieversorgung der Industrie dar. Die Alliierten hatten auch hier die Einfuhr von Elektrizität unterbrochen. Der spanische Staat selber war nicht in der Lage, den Energieverbrauch der Industrie zu befriedigen. Da kein Kapital vorhanden war, konnten keine Investitionen im Energiesektor getätigt werden. Alle diese Sachverhalte führten zu einer Lähmung der Initiativen der Industrie. Die Stromversorgung richtete sich nur auf die vom Staat begünstigten Industriezweige. Der Rest der Unternehmen hatte keinen Zugang zur Stromversorgung.[39] Auch die Rationierung machte der Entwicklung der Industrie schwer zu schaffen. Inputfaktoren wie Rohstoffe und Betriebsmittel waren kaum vorhanden, und wurden vom Staat den Unternehmen zugewiesen. Es kam zu einer Unterversorgung an Inputfaktoren der privaten Unternehmen, denn auch hier wurden staatliche Unternehmen bevorzugt. Durch das Verbot von privaten Investitionen wurde das Industriewachstum noch weiter gebremst. Der Anteil, des aus dem Ausland stammenden Kapitals, durfte 25% des Stammkapitals einer Gesellschaft nicht überschreiten, und nur in Absprache mit der Regierung waren Ausnahmen möglich. Durch die Diskriminierung der Unternehmen wurde das Wachstum auf bestimmte Zweige gelenkt, die für die Regierung von „nationalem Interesse" waren. [40]

Zusammengefaßt läßt sich die Situation der 40er Jahre für die spanische Industrie als trostlos bezeichnen. Die Bereitstellung von Inputfaktoren ist mangelhaft. Die Industrie wirtschaftete, aufgrund der niedrigen Lohnkosten, arbeitsintensiv. Es wurden nur wenige neue Investitionen getätigt und kaum technologische Innovationen entwickelt.[41]

---

[37] Vgl. Bernecker, W. / Pietschmann, H. (1993), S. 345.
[38] Vgl. Garcia Delgado, J. L. / Jiménez, J. C. (1999), S. 121.
[39] Vgl. Tortella, G. (1994), S. 296 f..
[40] Vgl. a.a.O., S. 294.
[41] Vgl. Garcia Delgado, J. L. / Jiménez, J. C. (1999), S. 130.

Erst in den 50er Jahren verbesserte sich die Lage der spanischen Industrie. Noch immer stellte die Energieversorgung ein großes Problem, für das reibungslose Funktionieren der spanischen Industrie, dar. Der Energiekonsum nahm immer stärker zu, doch dank dem Bau neuer Elektrizitätswerke, schaffte es das Regime, die Energieproduktion bis 1959 zu verdoppeln.[42] Die Inputrestriktionen fielen weg, doch die Aufrechterhaltung der Autarkie verhinderte Importe und verschlimmerte die Konkurrenzfähigkeit spanischer Exportprodukte. Den komparativen Vorteil, den Spanien z.B. in der Textil- und Schuhindustrie hatte, verlor es nach und nach. Staatliche Unternehmen kontrollierten alle Sektoren und produzierten einen Großteil der spanischen Erzeugnisse. Tabelle 6 stellt den Anteil der Produktion der Staatsunternehmen an der Gesamtausbringung pro Sektor dar.

Sektor	Staatsunternehmen	% an Produktion von 1959
Energie	Endesa, Enher	13
Petrochemie	Encaso, Repesa	59
Stahl- und Aluminium	Ensidea, Endasa	17
Automobile	Enasa, Seat	74
Schiffsbau	Ascasa	56

Tabelle 6: *Anteil der Produktion der Staatsunternehmen an der Gesamtproduktion.*[43]

Auch das sektorale Wachstum wurde von der spanischen Zentralregierung kontrolliert. Der Schwerpunkt lag in der Schwerindustrie, diese verzeichnete auch die größte Zuwachsrate in den 50er Jahren.[44] Dies ging ohne jeden Zweifel auf Kosten der restlichen Industrie.[45] Auch die Wirtschaftshilfen aus den USA, die ab 1951 empfangen wurden, konnten die spanische Wirtschaft nicht sanieren. Ausgelöst durch den Koreakrieg und durch die Ausbreitung des Kommunismus, hatte die USA noch einmal die Beziehung zum faschistischen Spanien überdacht. Schließlich kam es 1953 zur Vertragsunterzeichnung, die Spanien dazu verpflichtete, den USA drei Militärbasen auf spanischem Boden bauen zu lassen (Rota, Torrejón und Zaragoza). Als Gegenleistung erhielt Spanien wirtschaftliche und militärische Hilfe von Seiten der USA. Sie war zwar nicht so groß wie sie andere Länder durch den Marschallplan erhielten, doch die Beziehung zur USA kurbelte den Export an, da Spanien von Europa nicht mehr als Geächteter angesehen wurde und die wirtschaftlichen Beziehungen wieder

---

[42] Vgl. Tortella, G. (1994), S. 269.
[43] Datenquelle: Carreras, A. / Barciela, C., Estadísticas históricas de España : siglos XIX – XX, Fundación Banco Exterior, Madrid 1989.
[44] Vgl. Tortella, G. (1994), S. 269.
[45] Vgl. Catalan, J. (1994), S.378 f..

und die wirtschaftlichen Beziehungen wieder aufgenommen wurden. Neue Technologie kam in das Land, und die sehr benötigten Nahrungsmittel konnten in Spanien importiert werden.[46]

5 Der Arbeitsmarkt

Strikte Reglementierung ist das Stichwort, um den spanischen Arbeitsmarkt der Nachkriegszeit, zu beschreiben. Die Löhne und Gehälter wurden von staatlichen Stellen festgeschrieben. Aufgrund der starken Inflation kam es zu einem starken Abfall der Reallöhne[47]. Die Kaufkraft der Menschen war rapide gefallen, Unmut breitete sich in der Bevölkerung aus. Doch dieses Problem mußte von politischer Seite aus gelöst werden, da es weder Arbeitnehmer noch Arbeitgebervertretungen gab, die das Problem hätte lösen können. Hierbei mußte die spanische Regierung zwei Faktoren betrachten. Einerseits die möglichen Ausschreitungen, die die Arbeiterschaft hervorrufen konnte, andererseits das Problem der Arbeitslosigkeit, da die niedrigen Löhne eine beinahe Vollbeschäftigung garantieren konnte. Die niedrigen Löhne waren die Hauptursache für geringe Arbeitsproduktivität und für die geringen Investitionen.[48] Doch auch sie waren für die Ausbreitung des Schwarzmarktes verantwortlich. Es war eine Frage des Überlebens, die die Menschen dazu trieb, Produkte auf dem Schwarzmarkt zu kaufen und zu verkaufen. Der Verkauf, vor allem von Lebensmitteln auf dem Schwarzmarkt garantierte vor allem der ländlichen Bevölkerung das Überleben, da man sich hier ein Zubrot verdienen konnte. Für die Bevölkerung in den Städten sah es jedoch schlechter aus. Diese konnte keine Lebensmittel herstellen, da sie kein Land besaß auf dem sie landwirtschaftliche Produkte hätten anbauen können. Außerdem verringerte die ländliche Bevölkerung die „offizielle" landwirtschaftliche Produktion, die sich auf die Lebensmittelrationierung auswirkte.[49]

---

[46] Vgl. Tortella, G. (1994), S. 275.
[47] Reallöhne sind definiert als w/p, w = Lohnsatz, p = Preis eines Gutes.
[48] Vgl. Tortella, G. (1994), S. 278.
[49] Vgl. Garcia Delgado, J. L. / Jiménez, J. C. (1999), S. 129.

6 Der Stabilisierungsplan

Den endgültigen Anschluß an das westliche Lager stellte der Besuch des US-Präsidenten Eisenhower in Madrid 1959 dar. Bei diesem Besuch soll Franco geäußert haben, daß man jetzt erst den Bürgerkrieg gewonnen habe. Der außen- und militärpolitischen Öffnung folgte nunmehr ein Zustrom von Devisen und ausländischen Investitionen. Die Jahre 1957-1959 stellten eine Übergangszeit im Regime dar. Der bisherige Arbeitsminister José Antonio Girón, der eine antiliberale und nationalsyndikalistische Politik verfolgt hatte, wurde 1959 entlassen. Politiker, die als Technokraten galten und die Liberalisierung der Wirtschaft vorantreiben sollten, wurden in die Regierung aufgenommen. Der ebenfalls zu den Technokraten zählende Laureano López Rodó war für wirtschaftliche Koordination und Planung zuständig. Mit der Bekämpfung der Inflation, mit einem neuen, den Außenhandel fördernden, Wechselkurs der Pesete zum Dollar, mit der Flexibilisierung des Arbeitsmarktes sowie mit einem Plan für den zielgerichteten Ausbau des industriellen Sektors wurde das Ziel verfolgt, die ökonomische Modernisierung des Landes voranzutreiben.[50] Das Reformpaket „Plan de Estabilización" wurde vom 17. Juli bis zum 5. August 1959 verabschiedet. Der spanischen Wirtschaftspolitik sollte eine neue Richtung gegeben werden. Die spanische Wirtschaft sollte mit den anderen westlichen Staaten wirtschaftlich gleichziehen. Außerdem sollte sie von vererbten staatlichen Interventionen der Vergangenheit befreit werden, die nicht mehr der wirtschaftlichen Situation angemessen waren.[51] Mit Navarro Rubio, einem der Urheber des „Plan de Estabilización", wollte man vor allem drei Ziele erreichen:

Als erstes wollte man eine gewisse Disziplin in den Finanzen erreichen, um einen schnellen Erfolg durch den „Plan de Estabilización" zu erreichen. Man wollte sich dem Ausland öffnen, doch ohne die politischen Ziele über Bord zu werfen,[52] und Spanien in ein Geflecht von internationalen Beziehungen einführen zu müssen. Hierbei gab es einige Probleme, die nur schwer zu lösen waren. Die spanische Wirtschaft wurde der Politik untergeordnet. Politische Ziele gingen vor den wirtschaftlichen Zielen, d.h. die spanische Wirtschaft war kein sich selbst regulierendes Organ. Weiterhin wollte man keine Beziehungen mit dem Ausland aufbauen, da ausländische Staaten immer noch als Feind angesehen wurden, und man ihnen nicht traute. Auch der Gedanke vom Ausland betro-

---

[50] Vgl. Schmidt, P. (2002), S. 462.
[51] Vgl. Garcia Delgado, J. L. / Jiménez, J. C. (1999), S. 139.
[52] Vgl. Navarro Rubio (1973), S. 149-151.

gen zu werden, z.B. bei der Fixierung der Wechselkurse mit bestimmten Ländern, war ein Problem, welches die Initiatoren des „Plan de Estabilización" lösen mußten.[53] Um eine schnelle Umsetzung des Stabilisierungsplans zu garantieren, wurden gleich nach dem Beschluß des Plans die indirekten Steuern gehoben, und die Leitzinsen des "Banco de España" flexibilisiert.[54]

Als zweiten Punkt wollte man einen gewissen Grad an Liberalisierung in der spanischen Wirtschaft herbeiführen. Hierzu war es notwendig, viele staatliche Interventionsstellen zu streichen. Außerdem wurde die Fixierung vieler Preise aufgehoben. Die Preise sollten sich vom Markt her ergeben und nicht mehr festgeschrieben werden.[55]

Als drittes und auch wichtigstes Ziel war die Öffnung nach Außen. Die bilateralen Wirtschaftsbeziehungen, wie zum Beispiel mit Argentinien, sollten abgeschwächt werden. Hierzu war es notwendig die Peseta abzuwerten, da sie aus politischen Gründen mit dem Hintergedanken der Autarkie überbewertet war. Man wollte den freien Handel herbeiführen und ausländisches Geld einführen. Deshalb wurden auch die Beschränkungen, die ein Verbot für ausländische Investitionen inne hatten, aufgehoben. Von nun an sollte es, für ausländische Unternehmen, möglich sein in Spanien zu investieren.[56]

7 Zusammenfassung

Die guten Beziehungen, die Spanien während des Zweiten Weltkriegs zu den Achsenmächten unterhielt, grenzten Spanien von Europa aus. Das Land bekam keine wirtschaftliche Hilfe, die den Wiederaufbau hätte beschleunigen können. In der Zeit nach dem Bürgerkrieg war das Hauptinteresse der spanischen Regierung, sowohl auf den Wiederaufbau als auch auf die Sicherung der Macht ausgerichtet. Es mußten zerstörte Gebäude wieder errichtet werden, ebenso wie das Transportsystem. Eine Politik der Rationierung sicherte das Existenzminimum der Bevölkerung. Mit ihr konnten jedoch gerade die wichtigsten Bedürfnisse befriedigt werden.

---

[53] Vgl. Navarro Rubio (1973), S. 173-202.
[54] Vgl. Garcia Delgado, J. L. / Jiménez, J. C. (1999), S. 140.
[55] Vgl. a.a.O., S. 140.
[56] Vgl. a.a.O., S. 140.

Nach dem Bürgerkrieg nahm Spanien ein Modell zur wirtschaftlichen Entwicklung an, das als Autarkie bekannt ist. Die Grenzen wurden für ausländische Güter, Dienstleistungen und Kapital geschlossen. Die Regierung betrieb diese Politik, da sie annahm, daß Spanien über genügend Ressourcen verfügte, um von anderen Ländern unabhängig zu sein, seine eigenen Bedürfnisse decken zu können, und außerdem ein Wirtschaftswachstum erreichen zu können. Dieser Protektionismus wurde von starken staatlichen Interventionen begleitet. Staatliche Stellen fixierten die Löhne und Preise. Der Staat war überall in der Wirtschaft durch den „Instituto Nacional de Industria" (INI) präsent, dieser sollte die Verantwortung für die industrielle Entwicklung des Landes übernehmen.

Diese Wirtschaftspolitik war aber dem Untergang geweiht, da Spanien weder über genug Rohstoffe noch über eine ausreichend entwickelte Technologie verfügte. Somit war Spanien nicht in der Lage komparative Vorteile gegenüber ausländischen Produkten aufzubauen. Spanien war nicht in der Lage Produkte zu exportieren und Kapital zu erzeugen, daß zum Import von benötigten Rohstoffen hätte verwendet werden können. Doch diese Politik fand 1959 mit dem „Plan de Estabilización", das eine Marktöffnung und eine Liberalisierung Spaniens bedeutete, ein Ende.

8 Bibliographie

Beck, R.(1979): Das spanische Regierungssystem unter Franco, Studienverlag Dr. N. Brockmeyer, Bochum 1979.

Bernecker, W. / Pietschmann, H. (1993): Geschichte Spaniens, Verlag W. Kohlhammer, 1993.

Bernecker, Walther L. (1990): Sozialgeschichte Spaniens im 19. und 20. Jahrhundert, Suhrkamp Verlag, Frankfurt am Main 1990.

Carreras, A. (1988): La economía española en el siglo XX. Una perspectiva histórica, Ariel, 1988.

Carreras, A. / Barciela, C. (1989): Estadísticas históricas de España: siglos XIX – XX, Fundación Banco Exterior, Madrid 1989.

De Madariaga, S. (1979): Spanien, Deutsche Verlangs-Anstalt, Stuttgart 1979.

Ferner, A. / Fina, L. (1985): Intervención del Estado y Mercado Negro en el sector oleícola durante el primer franquismo; in: Revísta de Historia Económica, 1985 Band III.

Garcia Delgado, J. L. / Jiménez, J. C. (1999): Un siglo de España. La economía, Marcial Pons, Madrid 1999.

Rubio Navarro, M. (1973): El vacío político. ¿Hacia un Estado arbitral?, Editorial Dopesa, Barcelona 1973.

Schmidt, P. (2002): Die Ära der Technokraten: Wirtschaftliche Modernisierung und politische Erstarrung; in Kleine Geschichte Spaniens, Philipp Reclam jun. Verlag, Stuttgart 1997

Simpson, J. (1995): Spanish agriculture: the long siesta, 1765-1965, Cambridge University Press, Cambridge 1995.

Tortella, G. (1994): El desarrollo de la España contemporanea. Historia económica de los siglos XIX y XX, Alianaza Editorial, Madrid 1994.